SYLLABAIRE
DE LA
JEUNESSE,
INSTRUCTIF ET AMUSANT,

Contenant les premiers Élémens de la Lecture, des Sentences morales, un Tableau de Chiffres arabes et romains, Notions sur le Monde, Historiettes, Fables, Description des Gravures répondant aux 25 Lettres de l'Alphabet, dont le texte est extrait de Buffon;

Suivi d'un Choix de Complimens pour Fêtes et nouvel An.

PREMIÈRE ÉDITION.

A PARIS,

Chez CAILLOT, Libraire, rue St.-André-des-Arts, n° 57.

1828.

SYLLABAIRE
DE LA
JEUNESSE,
INSTRUCTIF ET AMUSANT,

CONTENANT les premiers Élémens de la Lecture, des Sentences morales, un Tableau de Chiffres arabes et romains, Notions sur le Monde, Historiettes, Fables, Description des Gravures répondant aux 25 Lettres de l'Alphabet, dont le texte est extrait de Buffon;

Suivi d'un Choix de Complimens pour Fêtes et nouvel An.

PREMIÈRE ÉDITION.

A PARIS,

Chez CAILLOT, Libraire, rue St.-André-des-Arts, n° 57.

1828.

voulant en même temps rendre à ceux desdits officiers dont le privilége d'exemption de Taille d'exploitation se trouvera supprimé, & qui se croiront fondés à prétendre quelque indemnité, toute la justice qui peut leur être due, elle leur réserve d'adresser leurs mémoires dont elle se fera rendre un compte exact, à l'effet d'y pourvoir suivant les règles de l'équité. Sa majesté se propose en même temps de rendre le privilége d'exemption de Taille personnelle aux prévôts, lieutenans & exempts des compagnies de maréchaussée qui en avoient été privés par l'édit de mars 1760, afin d'exciter de plus en plus leur zèle pour un service aussi essentiel à la sûreté & au bon ordre des provinces.

Sa majesté s'est fait représenter aussi les titres en vertu desquels les habitans des villes franches jouissent de l'exemption de la Taille; & quoique plusieurs de ces exemptions n'aient été accordées que par des considérations qui en auroient permis la révocation; sa majesté, par une nouvelle marque de sa protection, veut bien les laisser jouir d'une grâce personnelle, qui ne sera point onéreuse aux taillables, lorsque l'exercice du privilége sera renfermé, comme il doit l'être par sa nature, dans l'enceinte des villes, & qu'il ne sera point permis à ceux qui les habitent de partager les travaux ni l'industrie des gens de la campagne, sans contribuer avec eux au payement de leurs impositions, en établissant néanmoins une distinction en faveur des bourgeois de la ville de Paris, qui, étant la capitale du royaume, a été de tout temps décorée de plusieurs priviléges par les rois prédécesseurs de sa majesté, & par elle.

SYLLABAIRE

DE LA

JEUNESSE.

RÉCRÉATION.

SYLLABAIRE
DE LA
JEUNESSE,

INSTRUCTIF ET AMUSANT,

Contenant les premiers Élémens de la Lecture, des Sentences morales, un Tableau de Chiffres arabes et romains, Notions sur le Monde, Historiettes, Fables, Description des Gravures répondant aux 25 Lettres de l'Alphabet, dont le texte est extrait de Buffon;

Suivi d'un Choix de Complimens pour Fêtes et nouvel An.

PREMIÈRE ÉDITION.

A PARIS,

Chez CAILLOT, Libraire, rue Saint-André-des-Arts, n° 57.

—

1828.

EPERNAY, IMPRIM. DE Mme Ve FIÉVET.

SYLLABAIRE

DE LA

JEUNESSE.

Mes jeunes amis, tâchez d'apprendre à lire, afin, par la suite, de pouvoir vous livrer à d'autres études, qui, vous faisant acquérir des connaissances utiles, vous mettront à même de vous procurer un état honorable, sans lequel on se trouve isolé dans la société.

Je ne puis trop vous le recommander, car il arrive un âge où on se repent des négligences apportées dans les premières études ; négligences qu'on ne peut réparer, et dont on sent le malheur lorsqu'il n'est plus temps d'y remédier.

AUTRUCHE.

(7)

B b

bœuf.

(8)

C c

cheval.

D d

dindon.

E e

éléphant.

F f

furet.

(12)

G g

girafe.

H h

hippopotame.

I i

isatis.

K k

kanguroo.

(16)

lion.

mulet.

(18)

nilgaut.

(19)

ours.

P p

perroquet.

quinkajou.

(22)

R r

rhinocéros.

(23)

S s

soubuse.

(24)

T t

tigre.

U u

urson.

(25)

V v

vigogne.

X x

xandarus.

(28)

Y, y

yacou.

Z z

zébu.

Lettres Capitales Romaines.

A B C D E F
G H I J K L
M N O P Q R
S T U V X Y Z.

Lettres Courantes Romaines.

a b c d e f g
h i j k l m n
o p q r s ſ t
u v x y z.

Il est important pour la lecture de prononcer : *J ji*, et non pas i.

Lettres Voyelles.

A E I O U Y.

a e i o u y.

Lettres Consonnes.

B C D F G H J

b c d f g h j

K L M N P Q R

k l m n p q r

S T V X Z.

s t v x z.

Lettres liées ensemble.

& ct ſſ ff fl ffl

et ct ss ff fl ffl

ſt ſi fi ſſi ffi æ œ

st si fi ssi ffi ae oe

SYLLABES.

On appelle *Syllabe* un assemblage de lettres qui ne forment qu'un son.

ba	be	bé	bè	bi	bo	bu
ca	ce	cé	cè	ci	co	cu
da	de	dé	dè	di	do	du
fa	fe	fé	fè	fi	fo	fu
ga	ge	gé	gè	gi	go	gu

ha	he	hé	hè	hi	ho	hu
ja	je	jé	jè	ji	jo	ju
ka	ke	ké	kè	ki	ko	ku
la	le	lé	lè	li	lo	lu
ma	me	mé	mè	mi	mo	mu
na	ne	né	nè	ni	no	nu
pa	pe	pé	pè	pi	po	pu
qua	que	qué	què	qui	quo	quu
ra	re	ré	rè	ri	ro	ru
sa	se	sé	sè	si	so	su
ta	te	té	tè	ti	to	tu
va	ve	vé	vè	vi	vo	vu
xa	xe	xé	xè	xi	xo	xu
za	ze	zé	zè	zi	zo	zu

ACCENTS.

L'accent qui se marque ainsi (é) s'appelle aigu.

Celui qui se marque ainsi (è), s'appelle grave.

L'accent aigu se trouve sur les syllabes de la troisième colonne.

L'accent grave se trouve sur les syllabes de la quatrième colonne.

AUTRES SYLLABES.

pha phe phé phè phi pho phu

se prononcent comme

fa fe fé fè fi fo fu

gea ge gé gè gi geo geu

se prononcent comme

ja je jé jè ji jo ju

rha rhe rhé rhè rhi rho rhu

se prononcent comme

ra re ré rè ri ro ru

ça çe çé çè çi ço çu

se prononcent comme

sa se sé sè si so su

tha the thé thè thi tho thu

se prononcent comme

ta te té tè ti to tu

Outre l'accent aigu et l'accent grave, il y en a un autre que l'on appelle *accent circonflexe*, et qui se marque ainsi (ê). Il se met sur les voyelles longues, comme dans les mots *flûte*, *gêne*, *goût*, *hôte*.

SONS FORMÉS D'UNE VOYELLE ET DE DEUX CONSONNES.

bla ble blé blè bli blo blu
bra bre bré brè bri bro bru
chra chre chré chrè chri chro chru
cla cle clé clè cli clo clu
dra dre dré drè dri dro dru
fra fre fré frè fri fro fru
gla gle glé glè gli glo glu
gna gne gné gnè gni gno gnu
gra gre gré grè gri gro gru
gua gue gué guè gui guo guu
pla ple plé plè pli plo plu
pra pre pré prè pri pro pru
spa spe spé spè spi spo spu
sta ste sté stè sti sto stu
tla tle tlé tlè tli tlo tlu
vra vre vré vrè vri vro vru

MOTS D'UNE SYLLABE.

blanc	bleu	bien	bœuf	bois
caux	cent	cieux	cinq	corps
dans	deux	dix	dont	d'un
eau	en	est	eut	eux
faut	feint	frit	fond	fut
grand	grec	gris	gros	grue
haut	hé	hier	hors	hue
jan	je	il	joue	jus
lard	lent	lit	long	luth
mal	met	mil	mou	mur
nain	nerf	nid	nord	nul
pas	peu	pis	pot	pu
quand	quel	qu'il	qu'on	qu'un
rat	rêt	ris	roc	rue
saint	sel	s'ils	sot	suc
tant	tel	tic	tort	turc
val	ver	vil	vol	vue

SENTENCES.

A do rez Dieu.

Ai mez vo tre pè re et vo tre mè re.

Ren dez-vous u ti le à vos sem bla bles.

Ap pre nez dans vo tre en‑ fan ce.

La ver tu rend les hom mes heu reux.

Le vi ce fait leur mal heur.

Il faut d'a bord ê tre jus te.

On doit res pec ter la pro‑ pri é té d'au trui.

L'hu ma ni té est un de voir pour tous les hom mes.

L'hom me bien fai sant est l'i-ma ge de Dieu sur la ter re.

So yez mo des te.

L'hon neur con sis te dans la no bles se des sen ti mens.

La so bri é té en tre tient la san té.

La pru den ce con sis te à con cer ter ses dé mar ches a vec sa ges se.

Le cou ra ge est la ver tu des Fran çais.

Il faut a voir de la pa ti-en ce.

Gar dez in vi o la ble ment vo-tre pa ro le.

Ne men tez ja mais, car le men son ge est af freux.

Mon trez de la dou ceur et de l'in dul gen ce.

Frè res et sœurs ai mez-vous ten dre ment.

La po li tes se fait es ti mer les jeu nes gens.

La pro di ga li té rui ne et dés ho no re.

Le meur tre est hor ri ble.

Ne dé ro bez rien.

Le pa res seux tom be sou-vent dans le be soin.

So yez la bo ri eux et vous vi vrez.

Ne mé pri sez per son ne.

Tout or gueil est fort sot.

Si l'on vous of fen se, mé pri sez l'in ju re.

L'hu meur rend maus sa de.

L'a va ri ce a vi lit et dés ho no re.

L'in gra ti tu de est af freu se.

Ne por tez en vie à per son ne.

La mé di san ce trou ble la so ci é té.

La flat te rie est lâ che.

La tra hi son est un cri me.

PRIERES.

L'Oraison Dominicale.

NOtre Père, qui êtes dans les Cieux, que votre nom soit sanctifié. Que votre règne arrive. Que votre volonté soit faite en la terre comme au Ciel. Donnez-nous aujourd'hui notre pain quotidien. Et nous pardonnez nos offenses, comme nous pardonnons à ceux qui nous ont offensés. Et ne nous abandonnez point à la ten ta tion. Mais dé li vrez-nous du mal. Ain si soit-il.

La Salutation Angélique.

Je vous sa lue, Ma rie, plei-ne de grâ ce, le Sei gneur est a vec vous. Vous ê tes bé nie en tre tou tes les fem mes, et Jé sus le fruit de vo tre ven tre, est bé ni.

Sain te Ma rie, Mè re de Dieu, pri ez pour nous pau-vres pé cheurs, main te nant et à l'heu re de no tre mort. Ain-si soit-il.

Le Symbole des Apôtres.

Je crois en Dieu, le Pè re tout-puis sant, Cré a teur du

Ciel et de la terre. Et en Jésus-Christ son Fils unique, notre Seigneur. Qui a été conçu du Saint-Esprit, né de la Vierge Marie. Qui a souffert sous Ponce Pilate, a été crucifié, est mort et a été enseveli. Est descendu aux enfers, le troisième jour est ressuscité des morts, est monté aux Cieux, est assis à la droite de Dieu le Père tout-puissant. D'où il viendra juger les vivans et les morts.

Je crois au Saint-Esprit, la sainte Eglise Catholique, la communion des Saints, la rémission des péchés, la résurrection de la chair, la vie éternelle. Ainsi soit-il.

La Confession des Péchés.

Je me confesse à Dieu tout-puissant, à la bienheureuse Marie toujours Vierge, à saint Michel Archange, à saint Jean-Baptiste, aux Apôtres saint Pierre et saint Paul, et à tous les Saints, parce que j'ai beaucoup péché par pensées, par paroles et par actions. J'ai péché par ma faute, par ma faute, par ma très-grande faute. C'est pourquoi je supplie la bienheureuse Marie toujours Vierge, saint Michel Archange, saint Jean-Baptiste, les Apôtres saint Pierre et saint

Paul, et tous les Saints, de prier pour moi le Seigneur notre Dieu.

Les Commandemens de Dieu.

I. Un seul Dieu tu adoreras et aimeras parfaitement.

II. Dieu en vain tu ne jureras ni autre chose pareillement.

III. Les Dimanches tu garderas en servant Dieu dévotement.

IV. Père et Mère honoreras, afin de vivre longuement.

V. Homicide point ne seras de fait ni volontairement.

VI. Impudique point ne seras de corps ni de consentement.

VII. Les biens d'autrui tu ne prendras ni retiendras injustement.

VIII. Faux témoignage ne diras, ni mentiras aucunement.

IX. La femme ne convoiteras de ton prochain charnellement.

X. Biens d'autrui ne désireras, pour les avoir injustement.

Commandemens de l'Eglise.

I. Les Dimanches, Messe entendras, et Fêtes de commandement.

II. Les Fêtes tu sanctifieras, qui te sont de commandement.

III. Tous tes péchés confesseras, à tout le moins une fois l'an.

IV. Ton Créateur tu recevras, au moins à Pâques humblement.

V. Quatre-temps, Vigiles jeûneras, et le Carême entièrement.

VI. Vendredi chair ne mangeras, ni le Samedi mêmement.

NOTIONS
SUR L'HOMME, LES ANIMAUX ET LES PLANTES.

L'homme a deux mains, chaque main a cinq doigts. Le plus gros de ces cinq doigts se nomme pouce. Le doigt qui le suit s'appelle index, parce que c'est celui qui sert à indiquer. Le bras de chaque côté du corps est appelé ou gauche ou droit. Celui du côté du cœur est le bras gauche, et l'autre le bras droit.

L'homme a aussi deux pieds, au bout desquels sont cinq doigts, dont le plus gros se nomme orteil. Il y a le pied gauche et le pied droit.

Le cheval et le bœuf ont des jambes. Le chien et tous les animaux plus petits que lui ont des pattes.

Les poissons nagent.

Les oiseaux volent.

Les vers, les limaçons et les serpens rampent.

Les arbres et les fleurs ont des racines en terre qui leur servent comme de pieds pour se maintenir debout, et les branches semblent être leurs bras. Ils ont des maladies, souffrent et meurent comme tous les êtres qui respirent.

Toutes les plantes portent des fleurs, auxquelles succèdent des fruits ou des graines après la fleuraison.

DIVISION DU TEMPS.

Cent ans font un siècle.

Il y a douze mois dans un an.

Il y a trente jours dans un mois.

Trois cent soixante-cinq jours font un an.

On divise le mois en quatre semaines.

Chaque semaine est composée de sept jours que l'on nomme :

Lundi, Mardi, Mercredi, Jeudi, Vendredi, Samedi, Dimanche.

Les mois de l'année sont : Janvier, Février, Mars, Avril, Mai, Juin, Juillet, Août, Septembre, Octobre, Novembre, Décembre.

Il y a quatre saisons dans l'année, que l'on appelle l'Automne, l'Hiver, le Printemps et l'Été.

LES CRIS DES ANIMAUX.

Le chien aboie.
Le cochon grogne.
Le cheval hennit.
Le taureau beugle.
L'âne brait.
Le chat miaule.
L'agneau bêle.
Le lion rugit.
Le loup hurle.
Le renard glapit.
Le moineau pépie.
Le corbeau croasse.
La grenouille coasse
La tourterelle gémit.
Le pigeon roucoule.
Le rossignol ramage.
Le coq chante.
La poule glousse.
La pie babille.
Le serpent siffle.
L'homme parle et chante.

Chiffres arabes et romains.

Un	1	I.
Deux	2	II.
Trois	3	III.
Quatre	4	IV.
Cinq	5	V.
Six	6	VI.
Sept	7	VII.
Huit	8	VIII.
Neuf	9	IX.
Dix	10	X.
Onze	11	XI.
Douze	12	XII.
Treize	13	XIII.
Quatorze	14	XIV.
Quinze	15	XV.
Seize	16	XVI.
Dix-sept	17	XVII.
Dix-huit	18	XVIII.

Dix-neuf	19	XIX.
Vingt	20	XX.
Trente	30	XXX.
Quarante	40	XL.
Cinquante	50	L.
Soixante	60	LX.
Soixante-dix	70	LXX.
Quatre-vingts	80	LXXX.
Quatre-vingt-dix	90	XC.
Cent	100	C.
Deux cents	200	CC.
Trois cents	300	CCC.
Quatre cents	400	CD.
Cinq cents	500	D.
Six cents	600	DC.
Sept cents	700	DCC.
Huit cents	800	DCCC.
Neuf cents	900	CM.
Mille	1000	M.

NOTIONS SUR LE MONDE.

Il y a quatre élémens, savoir : l'*Air*, le *Feu*, l'*Eau* et la *Terre*.

Les étoiles sont des globes immenses et lumineux ; elles ne se voient pas pendant le jour, parce que leur lumière est plus faible que celle du soleil ; elles nous semblent petites à cause de leur éloignement.

La lune tourne autour de la terre dans l'espace de vingt-neuf jours et quelques heures.

La lune est plus petite que la terre ; elle nous paraît plus grande que les étoiles, parce qu'elle est très-près de la terre.

La lune perd sa lumière, lorsque la terre se trouve entr'elle et le soleil. C'est ce qu'on appelle éclipse de lune.

La terre est composée de quatre

parties qu'on appelle : *Europe*, *Asie*, *Afrique*, *Amérique*..

La partie de la terre exposée aux rayons du soleil, jouit de la lumière; le côté opposé est dans l'ombre.

La terre tourne autour du soleil dans l'espace de trois cent soixante-cinq jours six heures. La durée de ce mouvement forme l'année.

La terre est couverte d'animaux de toute espèce; les uns volent, les autres rampent; beaucoup marchent ou gravissent.

Le fer, le cuivre, l'or, l'argent, le plomb, la pierre, l'ardoise, se trouvent dans la terre.

En creusant à une certaine profondeur, on trouve dans la terre des masses de charbon dont se servent très-utilement les serruriers, et avec lequel les peuples du nord se chauffent.

La mer est une grande étendue d'eau salée qui entoure les masses de la terre.

Les hommes ont senti de bonne heure la nécessité de se communiquer, soit les productions de la terre, soit le fruit de leur industrie; pour cela, ils ont imaginé de construire, avec des planches, des vaisseaux, à l'aide desquels ils traversent les mers.

La mer est couverte de petites portions de terre qu'on appelle des îles.

La mer est entraînée, dans l'espace de vingt-quatre heures, du midi au nord; elle s'élève tantôt plus, tantôt moins, sur les côtes; ce mouvement s'appelle flux : le reflux n'est autre chose que la mer qui se retire pour reprendre son niveau.

La lune a une grande influence sur ce déplacement continuel; on croit, d'après Newton, qu'elle attire les eaux et les élève. Le soleil produit le même effet.

Il y a dans la mer une quantité considérable de poissons, qui diffèrent par leurs formes et par leurs grosseurs. Beaucoup de ces poissons servent de nourriture à l'homme.

Les hautes montagnes sont presque toujours couvertes de neige, même pendant les plus grandes chaleurs.

Les rivières prennent leurs sources dans les montagnes, puis elles se jettent les unes dans les autres, ou elles vont se réunir à la mer.

Le commencement d'une rivière s'appelle sa source; la fin, son embouchure.

Les nuages sont composés d'eau que le soleil attire à lui; cette eau réunie est portée par l'air, et agitée par les vents; elle tombe ensuite en goutte; c'est ce qui forme la pluie.

Toutes les eaux de la terre sont attirées dans l'air par l'action du soleil, ce qui forme un mouvement continuel.

Le vent n'est autre chose que l'air déplacé et mis en mouvement.

L'air est chargé d'un grand nombre

d'insectes, dont les plus connus se nomment mouches.

Les nuages nous dérobent souvent le soleil; ils en modèrent aussi la chaleur.

Tous les hommes ne sont pas blancs; il y en a de noirs, de basanés, etc.

Les hommes se sont réunis en société; chaque société, qu'on appelle nation, occupe une portion de la terre; chacune aussi a son nom particulier.

Les lois, les langues, les coutumes varient comme les noms et les positions des peuples.

On appelle culte, les cérémonies et les usages employés par les peuples, pour rendre hommage à la divinité.

Le commerce établi entre les nations, est un échange réciproque de denrées et d'effets.

La monnaie dont se servent les hommes est un objet de pure convention. Chaque nation a la sienne sous des formes et des valeurs différentes.

HISTORIETTES.

LE PLEUREUR.

Duprat avait un fils dont le nom était *Gilles* : cet enfant avait un défaut assez triste, quoiqu'il fit rire tout le monde à ses dépens. On le voyait pleurer pour la moindre bagatelle.

S'il trouvait sa leçon tant soit peu difficile, il disait qu'il ne pourrait jamais en venir à bout; et il laissait tomber son livre pour répandre un ruisseau de larmes.

Lui manquait-il quelqu'un de ses joujoux, au lieu de le chercher, il ne faisait que pleurer de l'avoir perdu.

Au moindre coup que lui donnait en jouant l'un de ses petits camarades, il poussait des cris si aigus, que tous ceux qui l'entendaient l'auraient cru estropié pour la vie.

Son père lui dit un jour : Je suis honteux d'avoir un fils dont tout le monde ne fait que se moquer. Quel est l'enfant de trois ans, que l'on entend crier comme toi ? Je suis sûr que le petit marmot, qui est là, couché sur le sein de sa nourrice, n'est pas, à beaucoup près, si pleureur. Gilles, si tu continue ainsi, tu ne feras jamais qu'un sot. Écoute-moi.

Lorsque tu jettes ton livre à terre, pour un mot difficile qui t'arrête, comment viendras-tu à bout de le lire ?

Dans le temps que tu perds à pleurer sur tes joujoux, ne pourrais-tu pas les trouver ? Que gagnes-tu donc à te désoler de leur perte ? Penses-tu qu'ils viendront te chercher d'eux-mêmes ?

Si tu te mets à crier pour un coup léger que tu auras reçu, quel est l'enfant qui voudra jouer avec toi? Tu aurais beau devenir plus grand que moi de toute la tête, tu ne serais jamais un homme.

Gilles fut tellement frappé du discours de son père, qu'il travailla, dès ce jour même, à se corriger de son défaut, il ne tarda pas à s'apercevoir combien il y gagnait. Ses leçons n'eurent bientôt plus de difficultés dont il eût peur : ses joujoux ne se perdirent plus, et ses amis le regardèrent comme leur meilleur camarade dans toutes leurs parties de plaisir.

L'ÉTOURDIE.

Laurette Dormisson était une petite fille bien étourdie. Il ne se passait pas un seul jour sans qu'elle ne se fît du mal à elle-même, ou qu'elle n'en causât à d'autres personnes. Sa maman lui avait expressément défendu de manier des couteaux et de toucher au feu ou aux bougies allumées ; mais lorsqu'elle était hors de la présence de sa maman, elle ne pensait plus à ses conseils ni à ses ordres.

On l'avait un jour laissée seule, pour quelques minutes, avec sa petite sœur Sophie. Au lieu de prendre soin de l'enfant, qui était plus jeune qu'elle de quelques années, elle lui laissa prendre un couteau qu'on avait oublié sur la table. La pauvre petite Sophie, ne sachant pas encore que les couteaux peuvent faire un grand mal, le prit dans ses petites mains, et se coupa quatre doigts jusqu'aux os : ce qui lui fit souffrir les plus vives douleurs, et la rendit estropiée d'une main pour le reste de sa vie.

Le lendemain Laurette voulant ramasser une aiguille qu'elle avait laissée tomber, prit sur la table un flambeau qu'elle mit à terre. En se baissant étourdiment, elle avança sa tête si près de la bougie, que le feu prit tout d'un coup à son bonnet. Comme le bonnet était attaché avec des épingles, il ne fut pas possible de l'enlever. La flamme eut bientôt brûlé toute sa coëffe et tous ses cheveux. Sa tête entière fut couverte de grosses ampoules; elle en eut même sur les deux joues. Il s'écoula bien du temps avant qu'elle pût en guérir; et tant qu'elle vécut, il lui resta sur le visage deux grandes cicatrices, pour apprendre à tous les enfans qui la regardaient, combien ils peuvent se rendre malheureux par une étourderie d'un seul moment.

FABLES.

La Cigale et la Fourmi.

La Cigale ayant chanté
      Tout l'été,
Se trouva fort dépourvue
Quand la bise fut venue.
Pas un seul petit morceau
De mouche ou de vermisseau;
Elle alla crier famine
Chez la Fourmi sa voisine,
La priant de lui prêter
Quelque grain pour subsister
Jusqu'à la saison nouvelle.
Je vous paierai, lui dit-elle,
Avant l'août, foi d'animal,
Intérêt et principal.
La Fourmi n'est pas prêteuse;
C'est là son moindre défaut.
Que faisiez-vous au temps chaud?
Dit-elle à cette emprunteuse.
Nuit et jour, à tout venant,
Je chantais, ne vous déplaise.
Vous chantiez! j'en suis fort aise;
Eh bien! dansez maintenant.

Le Corbeau et le Renard.

Maitre Corbeau sur un arbre perché,
>Tenait en son bec un fromage :
Maître Renard, par l'odeur alléché,
>Lui tint à-peu-près ce langage :
>Hé ! bonjour, monsieur du Corbeau !
Que vous êtes joli ! que vous me semblez beau !
>Sans mentir, si votre ramage
>Se rapporte à votre plumage,
Vous êtes le Phœnix des hôtes de ces bois.
A ces mots, le Corbeau ne se sent pas de joie ;
>Et, pour montrer sa belle voix,
Il ouvre un large bec, laisse tomber sa proie.
Le Renard s'en saisit, et dit : Mon bon
>monsieur,
>Apprenez que tout flatteur
Vit aux dépens de celui qui l'écoute :
Cette leçon vaut bien un fromage, sans doute.
>Le Corbeau, honteux et confus,
Jura, mais un peu tard, qu'on ne l'y prendrait
>plus.

PENSÉES MORALES.

Le monde, ou l'univers, est l'assemblage de toutes les choses créées.

Regardez autour de vous, contemplez la nature, et rendez hommage à la divinité.

Le ciel est l'espace immense dans lequel vous apercevez le soleil, la lune et les étoiles.

Si vous êtes sensible aux maux ou aux peines de vos camarades, vous vous ferez chérir d'eux. On accueille toujours celui qui vient à notre secours.

Inspirez la confiance et jamais la crainte.

C'est plaire à Dieu, que de respecter et chérir ses parens, et de remplir exactement ses devoirs.

Le vieillard mérite le respect des jeunes gens, écoutez ses conseils et suivez-les.

Ne déguisez jamais la vérité, si vous voulez inspirer de la confiance, le premier mensonge conduit à un autre, et insensiblement on s'habitue à se mentir à soi-même.

(69)

Ne publiez jamais le bien que vous faites, jouissez tranquillement du plaisir de rendre vos semblables heureux.

L'amitié ne se commande pas ; si vous voulez vous faire aimer, rendez-vous aimable par vos vertus et vos talens.

La franchise et la vivacité annoncent toujours un bon cœur.

Vous n'aurez jamais d'ennemis, si vous avez le courage de pardonner les injures et de rendre le bien pour le mal.

Pour que l'on supporte vos défauts, voyez sans passion ceux des autres.

Le méchant a l'œil farouche, l'enfant sensible a le regard doux.

N'ayez jamais l'ambition de vouloir paraître plus instruit que vous ne l'êtes réellement.

L'Enfant le plus instruit n'est pas celui qui parle le plus.

L'intention se peint ordinairement dans les yeux.

L'enfant docile ne doit pas attendre qu'on lui commande de faire ses devoirs.

Dans quelque situation que vous vous trouviez, riche, pauvre, puissant ou faible, soyez toujours probe.

Si vous êtes paresseux, vous serez ignorant. On n'obtient rien sans peine ; le travail brave toutes les difficultés ; il vous rend d'ailleurs la vie plus agréable.

Pour connoître le charme de l'amitié, partagez avec votre ami, plaisirs, chagrins et dangers ; repoussez la médisance qui voudrait vous diviser.

L'homme vertueux peut seul compter sur de véritables amis.

Méritez la confiance de votre ami ; gardez le secret que l'on vous a confié.

Les jeux ont été imaginés pour délasser l'enfant de ses travaux ; il ne doit jouer que pour s'amuser, et jamais avec l'intention de gagner.

Ne promettez jamais ce que vous ne pourriez pas tenir ; un engagement contracté est une dette qu'il faut payer.

L'économie est une vertu que la nature donne et que l'éducation développe ; sachons cependant la borner ; car lorsqu'elle dégénère en avarice, elle devient un vice honteux.

La timidité dans une femme, est compagne de la sagesse.

———

Il faut savoir endurer les maux attachés à la vie, et ne pas s'abandonner pour la moindre privation ou la moindre douleur.

La propreté est l'amie de la santé.

La santé est si nécessaire à l'homme, qu'il ne doit rien négliger pour la conserver.

PETIT EXTRAIT
DE
BUFFON.

A. L'AUTRUCHE.

CET oiseau habite les déserts de l'Afrique et l'Ethiopie. On en trouve aussi dans l'Arabie et autres endroits de l'Asie. Il est le plus anciennement connu, puisque les auteurs les plus anciens en font mention : sa race s'est toujours trouvée dans les mêmes climats.

Cet animal est d'une hauteur presque égale à celle d'un homme monté à cheval, aussi est-il le plus grand, le plus lourd et le plus massif de tous les oiseaux. L'autruche est privée de la faculté de voler, parce que les plumes qui sortent de ses ailerons, comme celles de tout son corps, sont effilées et décomposées, et par conséquent ne peuvent être réu-

ensemble pour frapper l'air avec avantage : elle est donc attachée à la terre, tant par son excessive pesanteur, que par la conformation de ses ailes.

La tête de cet oiseau est menue, plate, presque chauve, avec le crâne mince et fragile; son bec est court, droit, aplati; sa langue est petite; ses yeux, ombragés par des cils, sont d'une figure ovale; il a le cou et la tête garnis de poils blancs et brillans au lieu de plumes : comme le chameau, son cou est allongé, son dos élevé; son pied fourchu et de couleur grise, pose sur deux doigts armés d'un ongle aigu; ses cuisses sont fortes, charnues, et sans plumes jusqu'aux genoux, ainsi que le dessus des ailes; il marche sans bruit et fort vîte, ses ailes lui servant pour ainsi dire de voiles.

Les autruches habitent par préférence les lieux les plus solitaires et les plus arides, où il ne pleut presque jamais, ce qui confirme le dire des Arabes, qu'elles ne boivent point. Elles se réunissent dans ces déserts en troupes nombreuses, qui de loin ressemblent à des escadrons de cavalerie, et ont souvent effrayé les voyageurs. Quoique habitantes du désert, elles ne sont pas aussi sauvages qu'on se l'imaginerait. Il est des pays où on en nourrit en troupeaux; elles s'apprivoisent même sans qu'on y mette de soins; la seule habitude de voir des hommes dont elles reçoivent la nourriture et des bons traitemens, suffit. L'autruche dévore indifféremment tout ce qu'on lui présente, et c'est mal à propos qu'on lui a donné la réputation de digérer le fer, le cuivre et les pierres; comme elle est très-vorace, elle a besoin d'avaler quelque chose de dur, qui lui serve à broyer sa nourriture.

Les autruches multiplient prodigieusement; elles pondent de vingt à trente œufs à la fois, gros comme la tête d'un enfant; la coque est marbrée d'un fond blanc sale, et si dure, qu'on en fait des vases qui sont aussi utiles que ceux de porcelaine, et aussi beaux que l'ivoire : elles déposent leurs œufs dans le sable;

elles ne les couvent que la nuit, parce que, pendant le jour, la chaleur du soleil leur suffit.

Les plumes du dos sont noires dans le mâle, brunes dans la femelle : par leur mollesse elles ressemblent à de la laine. Les pennes ou grosses plumes des ailes sont de la même couleur, à la partie supérieure; il est de même de celles de la queue. Ces plumes sont très-recherchées par les plumassiers ; ils apprêtent les plus belles, les blanchissent et les teignent en diverses couleurs : on en relève le casque des héros de théâtre; on en pare les bonnets et les chapeaux; on en décore le coin des dais et l'impériale des lits. Les plumes des mâles sont les plus estimées, parce qu'elles sont plus larges, mieux fournies, qu'elles ont le bout plus touffu, la soie plus fine, et parce que l'on peut leur donner telle couleur que l'on désire; ce que l'on ne fait que très-difficilement, et même jamais bien, aux plumes des femelles.

Le bey de Tunis a fait présent, en

1799, au gouvernement français, de deux autruches mâle et femelle : elles ont été mises à la ménagerie de Paris. Le mâle est mort au bout de quelques mois, la femelle vit encore; elle a pondu un œuf qu'on n'a pu faire éclore.

B.   LE BOEUF.

Le bœuf est le taureau coupé : on l'appelle *veau* jusqu'à deux ans ; il est paisible, et semble méconnaître sa force pour se plier à la volonté de l'homme; on en voit des troupeaux nombreux dociles à la voix d'une femme ou d'un enfant, suivre sans s'en écarter le chemin du pâturage, paître, ruminer, s'égayer sous les yeux de leur conducteur, se désaltérer au bord d'un ruisseau limpide qui arrose la prairie, et rentrer à l'étable sans résistance.

L'homme est parvenu à faire partager au bœuf les travaux pénibles de la campagne : c'est avec lui que l'on défriche les terres ; il trace d'un pas lent, mais égal, de profonds sillons, prépare nos moissons, transporte nos grains, et donne enfin toute sa force où l'adresse et l'intelligence du cultivateur ne pourraient suffire. Sa marche est pesante mais il résiste à la fatigue, et souffre plus volontiers le froid que l'ardeur du soleil : sa force est dans sa tête et dans les muscles vigoureux de ses épaules : on ne l'emploie guère à porter des fardeaux, mais il est excellent pour le tirage. Les anciens l'attelaient à des chars, pour voiturer les femmes. Il traînait autrefois des carrosses, maintenant il sert surtout à tirer la charrue. Dès l'âge de deux ou trois ans, on l'accoutume insensiblement au joug par les caresses, la douceur et la patience : les mauvais traitemens le découragent. Lorsqu'il travaille, sa nourriture doit être plus copieuse ; c'est le flatter, que d'y mêler du sel.

A trois ans les cornes tombent ; la quatrième année, il en pousse de nouvelles qui, tous les ans, augmentent d'un anneau. Ces anneaux indiquent le nombre des années de l'animal : on les connaît également à ses dents.

Le bœuf, dans la prairie, ne dédaigne pas, comme le mouton, le cheval et la chèvre, l'herbe longue dont la tige est dure; c'est presque le seul des animaux qui détruise l'herbe la plus grossière, et fertilise les pâturages par où il passe. C'est de l'Auvergne que nous viennent les bœufs les meilleurs et les plus beaux. Ils prospèrent dans les pays chauds, mieux dans les tempérés, parviennent dans les bons pâturages, au poids de 1600 livres et plus. Lorsque les bœufs s'épouvantent, ils n'écoutent rien, courent à perdre haleine, renversent tout ce qui s'oppose à leur passage, et ne s'arrêtent que lorsqu'ils sont épuisés de fatigue.

Cet animal, si utile, si robuste, si vigoureux, armé de deux cornes toujours menaçantes, après avoir patiemment enduré le joug de l'esclavage et de la tyrannie, est tiré de la charrue à l'âge de dix ans : on l'engraisse, enfin on le vend au boucher, qui presque aussitôt l'abat et l'assomme, pour nous servir de pâture. Le bœuf n'a donc pu trop se multiplier; aussi l'homme n'a rien négligé de ce côté, il y a appliqué tous ses soins. Peut-on concevoir, en effet, qu'il en existe assez seulement pour sa consommation journalière! Rien n'est perdu dans le bœuf, sa chair est succulente et délicieuse, tout le monde en connaît l'usage : on l'emploie fraîche, on la sale, on la sèche et on la fume, pour la conserver.

C. LE CHEVAL.

Cet animal est connu de tout le monde par la beauté de sa taille, la docilité de son caractère et l'utilité infinie dont il est à l'homme. En sortant des mains de la nature, il est jaloux de sa liberté, fier de son indépendance, pétulant, mais sociable.

De tous les animaux, le cheval est celui qui, avec une grande taille, réunit les plus exactes proportions dans toutes ses parties. L'élégance de sa tête et la manière dont il la porte, lui donnent un air de légèreté qui est bien soutenu par la beauté de son encolure. Ses yeux sont vifs et bien ouverts : ses oreilles sont belles, et sa crinière est flottante, ce qui augmente la noblesse de son maintien. Toutes les autres parties de son corps concourent, chacune pour ce qui la concerne, à l'embellir. Il n'y a point, jusqu'à sa queue garnie de longs crins, qui ne lui donne de la grâce.

Les chevaux sauvages vivent en troupes; il règne entre eux de l'union et de l'amitié; leurs mœurs sont simples, leur tempérament frugal. A l'aspect d'un homme, ils s'arrêtent, le regardent d'un air curieux, mais sans effroi; l'un d'eux s'avance, le fixe d'un regard orgueilleux, souffle des naseaux, hennit, prend la fuite, et la troupe le suit d'un pas léger.

Parmi les différentes races de chevaux, la plus estimée est celle des Arabes.

Cet animal vit vingt-cinq à trente ans, à raison de la durée de son accroissement. Après sa mort, l'homme met à profit sa dépouille : les tamis, les archets d'instrumens, les fauteuils, les coussins prouvent l'utilité de son crin. Les selliers, les bourreliers font grand usage de son cuir tanné ; on fait des cuirasses, des peignes, de la colle forte avec la corne de ses pieds.

D. LE DINDON.

L'histoire rapporte que le dindon nous a été apporté, dans le 16.me siècle, par des Jésuites, missionnaires aux Indes occidentales. Il est, après la poule ordinaire, le plus utile des oiseaux domestiques, ainsi que celui qui demande le plus de soins dans les premiers momens de son existence ; une fois élevé, il s'accommode de toutes les températures. Le nom que portent ces oiseaux, *coq* et *poule-d'Inde*, leur vient de ce qu'ils sont originaires des Indes. On abrège cette dénomination, et ils sont à présent plus généralement connus sous la désignation de *dindon*, que l'on applique aussi à la sottise et à l'ineptie; l'on se raille, l'on se plaint presque de la bétise du dindon, et l'on ne fait pas attention que si la nature eût départi à cet oiseau plus d'instinct, plus d'intelligence, ou si l'on veut, plus d'esprit, il ne se serait pas laissé si facilement asservir.

E. L'ELÉPHANT.

L'éléphant est le plus gros des animaux qui habitent la terre; il est aussi le plus intelligent. Il y en a qui ont jusqu'à quinze pieds de hauteur. La peau de l'éléphant est de couleur gris de fer. Sa conformation ne lui permettant point de baisser la tête pour brouter l'herbe, la nature y a suppléé en lui donnant une trompe ou nez alongé et mobile : c'est à l'aide de cet instrument que l'éléphant montre cette extrême adresse, qui semble rivaliser avec la main de l'homme; il roule sa trompe en spirale pour saisir, pour embrasser, pour porter ses alimens à sa gueule. Il ne se nourrit que de végétaux, et il aime les liqueurs spiritueuses. Il est très-sensible à la musique. Il a deux grandes dents pointues qui sortent de sa bouche et que l'on appelle défenses. La forme de l'éléphant est peu agréable, ses contours sont mal dessinés, son corps n'a aucune grâce.

Dans l'état de liberté, les éléphans vivent en troupes ou en bandes; ils nagent tous fort bien, parce que leur corps est volumineux. Cet animal, si gros, redoute beaucoup le tigre, dont la seule odeur le fait trembler et fuir de toutes ses forces.

La colère de l'éléphant n'est qu'une fureur passagère, parce qu'elle n'est pas dans son caractère. Il est, dit-on, aussi reconnaissant que vindicatif : on en cite des traits remarquables.

Les pays chauds de l'Afrique, de l'Asie et des Indes sont les climats où naissent les éléphans; il y en a beaucoup plus en Afrique.

F. LE FURET.

Le furet est de la longueur du chat, mais il a le corps infiniment plus mince. Sa couleur est d'un jaune pâle; c'est le plus grand ennemi du lapin; il va le chercher au fond de son trou; là, il l'attaque, le saisit par le cou, lui perce le nez et la tête, et suce son sang dont il s'enivre quelquefois au point qu'il s'endort sur la place; on ne peut le réveiller et le faire sortir que par la fumée. Il est délicat et dort continuellement. On l'élève pour la chasse.

G. LA GIRAFE.

C'est principalement dans les plaines désertes de l'Afrique que se trouve la girafe. Ce bizarre animal, qui tient du cerf et du chameau par ses formes, peut atteindre avec sa tête à la hauteur de dix-sept à dix-huit pieds. Ses jambes de devant sont plus longues que celles de derrière; en sorte que, quand

elle est assise sur la croupe, il sembl
qu'elle soit entièrement debout. C'est
un animal très-doux, paisible, et même
si craintif qu'on ne peut l'apprivoiser.
Elle se défend avec avantage contre le
lion, mais elle succombe contre le tigre. La girafe court extrêmement vîte,
elle se nourrit d'herbes et de feuilles
d'arbrisseaux. La girafe s'appelle aussi
caméléopard.

H. L'HIPPOPOTAME.

L'hippopotame, que l'on nomme
aussi *cheval de rivière*, est un animal
amphibie qui tient à l'extérieur du cheval et du bœuf; on le trouve au Sénégal et au cap de Bonne-Espérance : il
est naturellement doux, court très-difficilement ; tantôt il habite le fond des
eaux, et se nourrit de poissons : tantôt
il vient paître l'herbe des campagnes,
et mange les légumes que les nègres
cultivent. Il dort dans les roseaux et
sur le bord des rivières : ses dents sont
d'une extrême dureté, elles lui servent

de défenses aussi bien que ses pieds ; sa peau est extraordinairement dure sur le dos, sur la croupe et au dehors des cuisses ; les balles de plomb s'aplatissent dessus, et le fer des flèches s'émousse.

Cet animal est très-sanguin : on assure qu'en se frottant contre un rocher tranchant, il se fait une incision pour se tirer du sang quand il s'en sent de trop, ensuite se couche dans la vase pour fermer sa plaie.

Avec ses dents, plus dures et plus belles que l'ivoire, on fait des dents artificielles qui ne jaunissent jamais : avec sa peau, on fait d'excellens boucliers.

I.   L'ISATIS.

Cet animal habite les pays les plus froids, la Sibérie, la Norwège, l'Islande ; il fréquente de préférence les bords de la mer Glaciale, tient de la conformation du chien, de la finesse du renard ; il a, ainsi que ce dernier, la queue très longue. Il a pour ennemi le glouton qui lui tend des embûches, et l'attend au passage, il est souvent obligé de lui abandonner sa proie pour n'être pas mangé lui-même.

La femelle porte près de deux mois : dans le mois de mai, elle met bas sept ou huit petits qu'elle allaite et garde pendant un mois et demi, dans un terrier qu'elle a creusé d'avance, et garni de mousse afin qu'ils soient plus mollement.

La couleur du poil des petits, dans leur première jeunesse, est différente de celle qu'ils ont lorsqu'ils sont formés : ceux qui naissent noirâtres, deviennent d'un bleu cendré ; la couleur jaunâtre annonce qu'ils deviendront blancs. L'isatis vit de rats, de lièvres et d'oiseaux, il a autant de finesse que le renard pour les attraper. Cet animal bien dressé ressemble en tout au chien.

J. LE JOCKO.

Cet animal se trouve dans les contrées méridionales de l'Afrique et de l'Asie : les habitans de ce pays lui ont donné ce nom qui, dans leur langue, veut dire homme sauvage, parce qu'il ressemble en tout à l'homme; il vit ordinairement de fruits, de racines; dort sur les arbres, se construit de petites cabanes de branches d'arbres entrelacées.

Il va en compagnie, se défend avec des bâtons contre les hommes, ne craint pas l'éléphant, qu'il vient à bout de chasser de la partie des bois qu'il a choisie. Les voyageurs assurent qu'il est en état de tenir tête à dix hommes.

Le besoin le rend industrieux : lorsque les fruits lui manquent dans les forêts, il descend sur le rivage, mange des crabes et autres poissons.

Cet animal est susceptible d'éducation quand on le prend jeune : il devient doux, paisible, familier, suivant les leçons qu'il a reçues; il se présente avec honnêteté et politesse, se promène en compagnie avec un air d'importance, mange à la table des maîtres avec propreté, et préfère le lait à tout autre boisson. En un mot cet animal, quoique voleur par inclination, est tout prêt de la raison.

K. LE KANGUROO.

Cet animal a la tête faite comme celle du lapin, mais les yeux plus grands et les oreilles plus courtes; l'ouverture de sa gueule est petite, le dessus de la tête et le dos sont couverts d'un poil roussâtre. Il aime les pays froids et fertiles, se pratique sous terre des terriers tortueux et obliques, en fouillant avec son museau, rongeant avec ses dents les racines des arbres qui s'opposent à son passage, en repoussant derrière lui la terre qu'il détache, ce qui forme, à l'entrée de son terrier, de longues traînées qui indiquent, étant fraîches, la présence de cet animal; son poil est plus brun que celui du lapin. C'est une bête innocente, qui ne fait point de mal, et qui lui ressemble en tout.

L. LE LION.

Le lion se trouve en Asie et en Afrique. C'est le plus fort et le plus terrible des animaux ; son cou est ombragé par une ample crinière, sa queue est terminée par un flocon de poils. Il n'attaque l'homme que lorsque la faim le presse. Etant pris jeune, il peut s'apprivoiser, et à tout âge il est sensible aux bienfaits, il ne manque pas de générosité. Une lionne que l'on nourrissait à la ménagerie du Jardin-des-Plantes, avait pris un jeune chien en telle affection, qu'elle souffrait patiemment les caprices et la gourmandise de cet animal ; souvent le chien venait s'emparer de la portion de viande destinée à la lionne, et celle-ci le laissait faire. Ce chien étant mort, la lionne a conçu tant de chagrin, qu'elle en mourut aussi peu de temps après.

M. LE MULET.

Le mulet provient ou d'un âne et d'une jument, ou d'un cheval et d'une ânesse : on estime davantage ceux qui sont nés d'un âne et d'une jument ; ils sont plus gros et plus forts, ils braient comme l'âne et conservent le nom de mulet ; les autres, au contraire, sont moins forts et plus petits, et hennissent comme le cheval ; on les appelle *bardeaux*.

Les mulets sont pour l'ordinaire ombrageux, indociles, rusés, pleins de mémoire ; on en voit qui ne veulent obéir qu'à leur maître. On en élève beaucoup en France. Le mulet est plus propre à supporter la fatigue et à porter de pesans fardeaux. La mule est d'une allure plus douce et plus commode pour la monture.

Ces animaux marchent d'un pied assuré au milieu des cailloux, sur le bord des précipices. Il y en a de très-beaux en Espagne ; on en fait des attelages de carrosse. Quoique plus communs dans les pays chauds, ils supportent cependant très-bien le froid ; leur nourriture est la même que celle des chevaux.

N. LE NILGAUT.

Le nilgaut ressemble un peu au cerf, mais ses cornes ne sont pas rameuses, elles sont recourbées ; ses pieds annelés de noir et de blanc ; il court avec beaucoup de vitesse ; on ne le trouve que dans les pays chauds, et particulièrement en Afrique. C'est d'ailleurs très-doux, mais craintif et sauvage.

O. L'OURS BRUN.

Cet animal a les oreilles courtes, la peau épaisse et le poil fort touffu. Ses jambes et ses bras sont charnus comme ceux de l'homme. Il frappe comme l'homme avec ses poings ; mais cette ressemblance grossière ne sert qu'à le rendre plus difforme.

L'ours est non-seulement sauvage, mais solitaire ; il fuit par instinct toute société, il s'éloigne des lieux où les hommes ont accès ; une caverne antique dans des rochers inaccessibles, une grotte formée par le temps dans le tronc d'un vieil arbre, au milieu d'une épaisse forêt, lui servent de domicile ; il s'y retire seul, y passe une partie de l'hiver sans provisions, sans en sortir plusieurs semaines. Comme il est naturellement gras, et qu'il l'est excessivement sur la fin de l'automne, temps auquel il se recèle, cette abondance de graisse lui fait supporter l'abstinence, et il ne sort de sa bauge que lorsqu'il est affamé.

P. LE PERROQUET.

Le perroquet proprement dit, originaire de l'Afrique et des Grandes-Indes, vit, dans son pays natal, de presque toutes sortes de fruits et de graines ; il y en a de différentes couleurs et grandeurs. L'espèce la plus commune, qu'on appelle *jacot*, est le perroquet cendré de la Guinée. Ces oiseaux marchent difficilement et s'aident de leur bec pour grimper. La beauté du plumage, l'instinct, la douceur, la docilité, sont les présens que le perroquet a reçus des mains de la nature. La vie privée, l'éducation et l'industrie humaine ont développé dans cet animal l'organe de la voix, et en ont perfectionné la souplesse. il apprend et retient très-facilement ; aussi voit-on des perroquets qui parlent distinctement, chantent, rient, pleurent, sifflent, imitent le cri d'un enfant, d'un chien, d'un chat, contrefont le ton et l'inflexion de la voix humaine.

Q. LE QUINKAJOU.

Le quinkajou ou kinkajou habite l'Amérique méridionale ; son poil est roux ; il est de la grandeur du chat et vit de proie. Il est armé de fortes griffes ; il monte facilement sur les arbres, et à l'aide de sa queue qui est très-longue, il se suspend quelquefois aux branches. Lorsqu'un animal dont il veut faire sa proie vient à passer, il s'élance sur son dos, s'y cramponne avec ses griffes, et ne le quitte point qu'il ne l'ait terrassé.

R. LE RHINOCÉROS.

Le rhinocéros est moins gros que l'éléphant, et la brièveté de ses jambes le fait paraître encore plus petit. Il tient cependant le second rang en grandeur parmi les quadrupèdes. Il est plus épais que deux bœufs; sa peau est très-dure, très-épaisse et repliée en manteau sur diverses parties du corps; ses oreilles ressemblent à celles du cochon; et ce qui forme le principal caractère de cet animal, c'est la corne solide qui est placée sur son nez. Comme le rhinocéros fait une grande consommation d'eau et de végétaux, il ne peut demeurer que dans les lieux qui en sont pourvus. On le trouve en Asie et en Afrique. Ses mœurs sont analogues à celles du sanglier.

S. LA SOUBUSE.

La soubuse ressemble à l'oiseau St.-Martin, par le naturel et les mœurs; ils sont aussi lâches l'un que l'autre, en ce qu'ils n'attaquent que les animaux les plus faibles.

Le mâle plus petit que la femelle, n'a point, comme elle, de petites plumes hérissées autour du cou, formant une espèce de collier, ce qui la distingue essentiellement de lui; elle pond trois ou quatre œufs rougeâtres, elle les dépose dans un nid qu'elle construit au milieu d'un buisson épais.

T.   LE TIGRE.

En 1764, un vaisseau de la compagnie des Indes rapporta plusieurs animaux étrangers, entr'autres deux tigres destinés pour le duc de Cumberland. Ce prince voulant connaître la manière dont ces animaux chassent leur proie, fit lacher un des tigres dans un grand parc : on y fit entrer un cerf; le tigre courut aussitôt sur lui, et voulut le saisir par le flanc; mais le cerf se défendit si bien de ses bois, qu'il l'obligea de reculer.

Le tigre ne renonça pas au combat;

il revint à la charge, et essaya de prendre le cerf au cou; il fut repoussé avec la même vigueur; enfin à la troisième attaque, le cerf le jeta fort loin d'un coup de son bois, et se mit à le poursuivre; le tigre alors abandonna la partie, et dirigeant sa fureur vers un troupeau de daims, il en tua un sur le champ.

Le duc de Cumberland donna la liberté au cerf qui s'était si bien défendu, après lui avoir fait mettre au cou un très-large collier d'argent, sur lequel on avait gravé l'aventure du combat.

U. L'URSON.

Cet animal est nommé *porc-épic* à la baie d'Hudson (1). Il est couvert d'une double fourrure, dont le poil de dessous est plus doux et plus mollet que celui de dessus, qui est plus long et mêlé de piquans extrêmement aigus.

---

(1) On nomme ainsi la partie des terres désertes du nord de l'Amérique, découverte en 1602, par un anglais nommé Hudson.

Les ursons se retirent sous les racines des grands arbres, et dans les hauteurs; ils évitent les lieux humides, parce qu'ils craignent extrêmement l'eau; ils se nourrissent d'écorce d'arbre, principalement de genièvre.

V. LA VIGOGNE ou LE PACO.

Les vigognes ou pacos sont d'une très-grande utilité au Pérou ; ils ont le même naturel et à-peu-près les mêmes mœurs que les lamas. Leur laine longue et fine est aussi chère et aussi précieuse que la soie. Cette fourrure, souvent noire, et quelquefois d'un brun mêlé de fauve dans les vigognes, est dans les pacos d'une couleur rose-sèche, qui ne s'altère pas sous la main de l'ouvrier. On en fait des gants, des bas, des couvertures et des tapis d'un grand prix.

Ils se rassemblent en troupes, ne craignent nullement le froid, se tiennent volontiers dans les neiges et sur les glaces, habitent le sommet des montagnes où règne l'air le plus froid.

X. LE XANDARUS ou BUBALE.

Le xandarus tient le milieu, pour la conformation, entre le bœuf sauvage et le cerf; il appartient à la même famille d'animaux que le nilgaut dont nous avons déjà parlé; on appelle cette famille *les antilopes*. Le xandarus habite le désert de l'Afrique. Il marche en troupe, et se défend avec courage contre ceux qui l'attaquent. Il se nourrit de végétaux. Il est susceptible d'éducation, et, en le prenant jeune, on peut en faire un animal domestique.

Y. LE YACOU.

Les yacous, condamnés par la nature à une vie dure et mal-aisée, en ont reçu des organes et des instrumens appropriés au travail auquel ils sont assujétis. Ces oiseaux ne peuvent trouver leur nourriture qu'en perçant les écorces et la fibre dure des arbres qui la recèlent. Leur cri plaintif, en troublant le silence des bois, semble exprimer leurs efforts et leur peine; ils ont les mouvemens brusques, l'air inquiet, et les traits de la physionomie rudes. Ils fuient toute société, même celle de leurs semblables.

LE ZÉBU.

Le zébu est le plus petit de tous les bœufs bossus : on le trouve dans l'Afrique ; il est si familier qu'il lèche comme un chien, fait des caresses à tout le monde, et paraît avoir autant d'intelligence que de docilité ; on l'attèle, on le monte, et il court fort vîte. On le prend facilement en été, parce que les sables brûlans lui usent les ongles. La bosse que ces animaux portent, est une fois plus grosse dans le mâle que dans la femelle.

On peut voir dans le jardin du Muséum d'histoire naturelle, un zébu ; il n'est pas plus gros qu'un loup, mais il est très-gras, ce qui paraît lui causer une difficulté de respirer et le fait tousser souvent. La couleur du dos est d'un gris cendré tirant sur le bleu, le dessous du ventre d'un blanc sale ; il a de très-petites cornes. Cet individu est femelle, et a été apporté en France par les ambassadeurs de Tipoo-Saïb ; ils amenaient avec eux la paire, mais le mâle est mort dans le trajet des mers,

COMPLIMENS
EN VERS,
POUR LE NOUVEL AN ET LES FÊTES.

POUR LA FÊTE D'UN INSTITUTEUR QUI SE NOMME HENRI.

Dans quelle impatience on attendait ce jour,
Qui devait éclairer notre sincère amour !
Il est donc arrivé ! notre timide enfance
Peut exhaler les vœux de sa reconnaissance,
Et cédant aux transports qui nous guident ici,
Nous pouvons librement crier : Vive Henri !
Vous l'entendez : ce nom consacré dans l'histoire,
Semble ressusciter à l'amour, à la gloire ;
C'est le nom d'un bon roi, chéri des bons Français ;
Mais plus cher aux heureux qu'ici vous avez faits !
Oui, nos jeunes esprits font déjà la remarque
Qu'on peut vous comparer à ce fameux monarque.
Nous l'entendons toujours nommer le bon Henri ;
Vous avez mêmes droits à ce titre que lui ;
Tous ses vœux ne tendaient qu'au bonheur de la France,
Nous rendre tous heureux voilà votre espérance !
Il était bon ami, maître humain, juste et doux,
Qui posséda jamais ces vertus mieux que vous ?
Ce ne fut qu'aux méchans qu'il se montra sévère,
Ce n'est qu'à nos défauts que vous faites la guerre !
De ses sujets contens, il fut bien moins le roi
Qu'un bon père, un ami, qui fait chérir la loi ;
Qui pourrait à ces traits ne pas vous reconnaître !
N'êtes-vous pas pour nous un père plus qu'un maître ?
Ses vertus aujourd'hui le font encore chérir,
Ah ! c'était par ce trait que je voulais finir !

Il fait pencher vers vous le beau du parallèle;
Car l'amour de la France, au grand Henri fidèle,
N'égalera jamais l'amour que notre cœur
Brûle de témoigner à notre bienfaiteur,
A ce guide éclairé, qui, d'enfans que nous sommes,
Par ses soins paternels nous lance au rang des hommes!
Qui, renonçant pour nous aux douceurs du repos,
Compte dans nos succès ses momens les plus beaux!
Que n'ai-je un peu plus d'âge, ou bien plus de science
Pour vous mieux exprimer notre reconnaissance!
Nos cœurs voudraient parler, mais nos bouches ici
Ne trouvent que deux mots : Vive, vive Henri.

UN ENFANT A SON PÈRE, LE JOUR DE SA FÊTE.

Des fleurs de la saison je viens suivant l'usage,
 Parer mon père dans ce jour;
Mais l'usage est ici d'accord avec l'amour.
Si j'étais plus instruit, ou si j'avais plus d'âge,
Ma bouche en ce moment s'exprimerait bien mieux;
Mais qu'ai-je donc besoin de vers mélodieux,
 Pour dire simplement : je t'aime.
Ce mot si vrai, si court, en dit plus par lui-même
Que les vers les plus beaux, les plus harmonieux.
Je t'aime est le seul mot que m'inspire ta fête,
Mais le mot que mon cœur à chaque instant répète.

D'UN ENFANT A SA MARRAINE.

Air : *Souvent la nuit.*

O marraine la plus chérie!
Permettez ici qu'à mon tour
Au nœud fortuné qui nous lie
Mon cœur applaudisse en ce jour.
J'ose vous prédire d'avance
Une entière félicité,
Ah! songez que la vérité
Sort de la bouche de l'enfance.

A UN PARRAIN.

Cher parrain, vos bontés, même avant ma naissance,
  Ont daigné m'accueillir,
  Et depuis mon existence
  Je n'ai cessé de recueillir
De ces mêmes bontés la touchante abondance.
  Mon ardente reconnaissance
  Aujourd'hui ne peut s'exprimer,
  Et je ne puis que vous aimer.
De mon cœur, de mes vœux, je vous offre l'hommage,
  Ce sont les trésors de mon âge,
Je serai trop heureux s'ils peuvent vous charmer.

D'UN ENFANT A SA MAMAN.

L'an passé je t'offris mon cœur,
En te disant : maman, je t'aime ;
Pour te payer de mon bonheur,
Aujourd'hui je le dis de même.

AUTRE.

Air : *O Fontenai*.

Chère maman (papa), recevez en ce jour
Mes tendres vœux et mon sincère hommage,
Quand mon esprit en dirait davantage,
Mon cœur pour vous n'aurait pas plus d'amour.

D'UNE PETITE FILLE A SA MÈRE.

Chère maman, à mon âge
On fait mal un compliment,
Ta fille n'a pour langage
Que ses deux bras caressans.
Au fond de mon cœur j'enrage
De ne pouvoir parler mieux,
Lis le reste dans mes yeux.

A UN PAPA.

S'il le fallait, à l'instant même
Pour papa je perdrais le jour :
Ah ! ne faut-il pas que je l'aime,
Quand il a pour moi tant d'amour.

A UN PÈRE OU A UNE MÈRE.

Air : *Femmes, voulez-vous éprouver.*

O vous, de qui je tiens le jour,
Souffrez qu'un fils qui vous révère
Vous offre un cœur rempli d'amour,
Un cœur zélé, tendre et sincère.
Cet hommage du sentiment
Prouve le désir de vous plaire,
Bien mieux que la fleur du printemps,
Qui n'est jamais que passagère.

A UN PAPA OU A UNE MAMAN.

Pour étrennes en ce jour
Recevez mon cœur en partage,
Je n'ai que lui pour prouver mon amour,
C'est là le seul trésor qu'on possède à mon âge.
Puisse le ciel vous combler de ses biens,
Et vous donner une heureuse vieillesse !
Je mettrai mon bonheur à vous servir sans cesse ;
Pour prolonger vos jours je donnerais les miens.

A UN PÈRE ET A UNE MÈRE.

Air : *La maison de monsieur Vautour.*

Vous qui m'avez donné le jour,
Tendre papa, maman chérie,
Vous prouver mon sincère amour,
Voilà le bonheur de ma vie.

Par mon travail et mon ardeur,
Si j'obtiens le don de vous plaire,
Je suis au comble du bonheur,
Je n'ai plus de souhaits à faire.

A UNE TANTE.

Air : *Jardinier, ne vois-tu pas.*

Nouvel an plein de douceur,
Il faut que je te chante,
Tu me donnes le bonheur
D'embrasser de si bon cœur
Ma tante, ma tante, ma tante.
   Elle m'aime tendrement,
Et partout je m'en vante ;
Partout je dis hautement,
J'ai pour seconde maman
Ma tante, ma tante, ma tante.
   Vous, célestes habitans,
Modérez votre attente,
Car malgré vos vœux ardens,
Oh ! vous attendrez long-temps
Ma tante, ma tante, ma tante.

A UNE MÈRE.

Au nouvel an, avec cette indulgence
Que vous savez si bien me prouver chaque jour,
Recevez ce baiser, gage de mon amour ;
Il vous est présenté par la reconnaissance.

AUTRE.

O mère adorable et chérie !
Presse ton enfant sur ton cœur ;
Te chérir est sa seule envie ;
Songer à toi fait son bonheur.
  Puisses-tu 'aimer comme il t'aime !

En te le disant chaque jour,
Il te prouvera que lui-même
Ne connaît pas tout son amour.

A UN PÈRE OU A UNE MÈRE.

Reçois en ce jour notre hommage
Et l'aveu de nos sentimens,
Vois tes amis dans tes enfans,
Ils te chérissent sans partage,
Ils n'auront jamais d'autre encens;
Pour être à tes désirs fidèles,
Pour satisfaire tous tes vœux,
Pour être toujours vertueux,
Ils te prendront pour leurs modèles,
C'est le seul moyen d'être heureux.

A UNE MÈRE.

Air : *A voyager passant sa vie.*

O nouvel an ! ô jour prospère,
Jour si cher à nos sentimens,
Fêter, embrasser une mère,
C'est le bonheur des bons enfans.
Tel est l'intéressant hommage
Que nous vous offrons en ce jour,
Mais à ce faible témoignage
Ne mesurez pas notre amour.
En vain pour ceindre votre tête
Nous aurions enlacé des fleurs,
Les vrais tributs d'un jour de fête
Sont moins des roses que des cœurs;
Sous vos yeux et sous votre empire
Nous goûtons un plaisir constant;
Ici, dès qu'un plaisir expire
Un autre renaît à l'instant.

D'UN ENFANT A UN BIENFAITEUR.

Ah ! daignez dans cette journée,
De mon cœur accepter les vœux ;
Au commencement de l'année,
En vous fêtant, je suis heureux.
Que de souhaits je devrais faire
Pour vous payer de vos bienfaits !
Mes vers ne peuvent vous déplaire,
Ils ont le sentiment pour père,
Et c'est mon cœur qui les a faits.

A UN PAPA ET A UNE MAMAN.

Dans ce jour où souvent en termes éphémères,
On paye à l'amitié les tributs les plus doux,
Je fais pour toi, papa, mille souhaits sincères ;
Bonne et tendre maman, j'en fais autant pour vous.

AUTRE.

Air : *Mes chers enfans, unissez-vous.*

Pour moi combien il a d'attraits,
  Ce jour charmant, ce jour prospère,
Où tour à tour d'une mère et d'un père
Je puis enfin célébrer les bienfaits.
  De la tendresse conjugale,
  Quand j'admire les sentimens,
Ah ! qu'il m'est doux d'y joindre les accens
  De la piété filiale.

FIN.

TAILLE. 487

...ir pardevant les officiers de l'élection, comme ...l n'y avoit pas eu de taxe d'office, & suivant ...forme qui sera ci-après prescrite.

...bservez que les officiers des greniers à sel ont été ...ptés des dispositions de cet article par des lettres-...ntes du 15 février 1780, enregistrées à la cour ...aides le 4 mars suivant (*).

...) *Ces lettres-patentes sont ainsi conçues :*
...ouis, &c. Salut. Nous sommes informés que les collecteurs ...Tailles, abusant des dispositions de notre déclaration du ...vril 1778, portant réglement sur la forme de procéder en ...ère de Taille, se sont permis d'augmenter arbitrairement ...axes d'offices de quelques officiers des greniers à sel, qui ...bient été ordonnées par les sieurs intendans & commissaires ...artis pour l'exécution de nos ordres, pour soustraire ces ...iciers à l'animosité trop ordinaire des habitans des campagnes; ...sorte que si nous ne venions pas à leur secours, en ré-...blissant l'ordre qui avoit été établi à cet égard avant cette ...claration, ces officiers, jaloux de remplir des fonctions né-...ssaires à maintenir, se verroient chaque année dans la nécessi-...é d'avoir des procès dispendieux à soutenir pour se procurer ...justice qui leur est due. A ces causes & autres à ce nous ...ouvant, de l'avis de notre conseil, & de notre certaine ...ience, pleine puissance & autorité royale, nous avons ...donné, & par ces lettres-patentes signées de notre main, ...ous ordonnons, voulons & nous plaît que les présidens, avo-...ts & procureurs pour nous, ainsi que les conseillers des gre-...ers à sel de notre royaume, ne puissent être imposés dans ...s rôles des Tailles par les collecteurs, à de plus fortes ...mmes que celles auxquelles ils auront été taxés d'office par ...s sieurs intendans & commissaires départis pour l'exécution ...e nos ordres dans les provinces, sous peine pour les collec-...eurs d'en demeurer responsables en leur propre & privé nom, ...auf auxdits collecteurs, dans le cas où ils croiroient que la ...eligion desdits sieurs intendans auroit été surprise, ou qu'elle ...roit pas été suffisamment éclairée, à se retirer pardevers